¿Quieres descargas gratuitas?
Escríbenos un correo electrónico a: prayer@inspiredtograce.com

 @inspiredtograce

 Inspired To Grace

Compra todos nuestros libros en
www.inspiredtograce.com/es

Distribución al por mayor a través de Ingram Content Group
www.ingramcontent.com/publishers/distribution/wholesale

Preguntas y Servicio de atención al cliente
Escríbenos un correo electrónico a:
support@inspiredtograce.com

## fecha:

## versículo de hoy

## reflexiones

## oraciones

## agradecimiento

# fecha:

## versículo de hoy

## reflexiones

## oraciones

## agradecimiento

# fecha:

## versículo de hoy

## reflexiones

## oraciones

## agradecimiento

## fecha:

### versículo de hoy

### reflexiones

### oraciones

### agradecimiento

# versículo de hoy

# reflexiones

# oraciones

# agradecimiento

## fecha:

### versículo de hoy

### reflexiones

### oraciones

### agradecimiento

fecha:

## versículo de hoy

## reflexiones

## oraciones

## agradecimiento

## fecha:

## versículo de hoy

## reflexiones

## oraciones

## agradecimiento

## fecha:

## versículo de hoy

## reflexiones

## oraciones

## agradecimiento

# fecha:

## versículo de hoy

## reflexiones

## oraciones

## agradecimiento

## fecha:

## versículo de hoy

## reflexiones

## oraciones

## agradecimiento

# fecha:

## versículo de hoy

## reflexiones

## oraciones

## agradecimiento

## fecha:

## versículo de hoy

## reflexiones

## oraciones

## agradecimiento

# fecha:

## versículo de hoy

## reflexiones

## oraciones

## agradecimiento

# fecha:

## versículo de hoy

## reflexiones

## oraciones

## agradecimiento

# fecha:

## versículo de hoy

## reflexiones

## oraciones

## agradecimiento

fecha:

## versículo de hoy

## reflexiones

## oraciones

## agradecimiento

fecha:

## versículo de hoy

## reflexiones

## oraciones

## agradecimiento

## fecha:

## versículo de hoy

## reflexiones

## oraciones

## agradecimiento

## fecha:

### versículo de hoy

### reflexiones

### oraciones

### agradecimiento

## fecha:

## versículo de hoy

## reflexiones

## oraciones

## agradecimiento

## fecha:

## versículo de hoy

## reflexiones

## oraciones

## agradecimiento

fecha:

## versículo de hoy

## reflexiones

## oraciones

## agradecimiento

fecha:

### versículo de hoy

### reflexiones

### oraciones

### agradecimiento

❀ ❀ ❀ ❀ ❀

## fecha:

## versículo de hoy

## reflexiones

## oraciones

## agradecimiento

# fecha:

## versículo de hoy

## reflexiones

## oraciones

## agradecimiento

fecha:

## versículo de hoy

## reflexiones

## oraciones

## agradecimiento

# fecha:

## versículo de hoy

## reflexiones

## oraciones

## agradecimiento

## fecha:

## versículo de hoy

## reflexiones

## oraciones

## agradecimiento

## fecha:

### versículo de hoy

### reflexiones

### oraciones

### agradecimiento

## fecha:

## versículo de hoy

## reflexiones

## oraciones

## agradecimiento

## fecha:

## versículo de hoy

## reflexiones

## oraciones

## agradecimiento

fecha:

## versículo de hoy

## reflexiones

## oraciones

## agradecimiento

# fecha:

## versículo de hoy

## reflexiones

## oraciones

## agradecimiento

## fecha:

## versículo de hoy

## reflexiones

## oraciones

## agradecimiento

# fecha:

## versículo de hoy

## reflexiones

## oraciones

## agradecimiento

## fecha:

## versículo de hoy

## reflexiones

## oraciones

## agradecimiento

## fecha:

## versículo de hoy

## reflexiones

## oraciones

## agradecimiento

fecha:

## versículo de hoy

## reflexiones

## oraciones

## agradecimiento

## fecha:

### versículo de hoy

### reflexiones

### oraciones

### agradecimiento

## fecha:

## versículo de hoy

## reflexiones

## oraciones

## agradecimiento

## fecha:

### versículo de hoy

### reflexiones

### oraciones

### agradecimiento

# fecha:

## versículo de hoy

## reflexiones

## oraciones

## agradecimiento

## fecha:

## versículo de hoy

## reflexiones

## oraciones

## agradecimiento

## versículo de hoy

## fecha:

## reflexiones

## oraciones

## agradecimiento

# fecha:

## versículo de hoy

## reflexiones

## oraciones

## agradecimiento

fecha:

## versículo de hoy

## reflexiones

## oraciones

## agradecimiento

# fecha:

## versículo de hoy

## reflexiones

## oraciones

## agradecimiento

fecha:

## versículo de hoy

## reflexiones

## oraciones

## agradecimiento

## fecha:

## versículo de hoy

## reflexiones

## oraciones

## agradecimiento

fecha:

## versículo de hoy

## reflexiones

## oraciones

## agradecimiento

## fecha:

### versículo de hoy

### reflexiones

### oraciones

### agradecimiento

fecha:

## versículo de hoy

## reflexiones

## oraciones

## agradecimiento

fecha:

## versículo de hoy

## reflexiones

## oraciones

## agradecimiento

fecha:

## versículo de hoy

## reflexiones

## oraciones

## agradecimiento

fecha:

## versículo de hoy

## reflexiones

## oraciones

## agradecimiento

## fecha:

## versículo de hoy

## reflexiones

## oraciones

## agradecimiento

fecha:

## versículo de hoy

## reflexiones

## oraciones

## agradecimiento

## versículo de hoy

## reflexiones

## oraciones

## agradecimiento

fecha:

## versículo de hoy

## reflexiones

## oraciones

## agradecimiento

fecha:

## versículo de hoy

## reflexiones

## oraciones

## agradecimiento

# fecha:

## versículo de hoy

## reflexiones

## oraciones

## agradecimiento

fecha:

## versículo de hoy

## reflexiones

## oraciones

## agradecimiento

# fecha:

## versículo de hoy

## reflexiones

## oraciones

## agradecimiento

## fecha:

## versículo de hoy

## reflexiones

## oraciones

## agradecimiento

# fecha:

## versículo de hoy

## reflexiones

## oraciones

## agradecimiento

# versículo de hoy

# reflexiones

# oraciones

# agradecimiento

# fecha:

## versículo de hoy

## reflexiones

## oraciones

## agradecimiento

**fecha:**

## versículo de hoy

## reflexiones

## oraciones

## agradecimiento

## fecha:

## versículo de hoy

## reflexiones

## oraciones

## agradecimiento

fecha:

## versículo de hoy

## reflexiones

## oraciones

## agradecimiento

# fecha:

## versículo de hoy

## reflexiones

## oraciones

## agradecimiento

fecha:

## versículo de hoy

## reflexiones

## oraciones

## agradecimiento

## fecha:

### versículo de hoy

### reflexiones

### oraciones

### agradecimiento

fecha:

## versículo de hoy

## reflexiones

## oraciones

## agradecimiento

# fecha:

## versículo de hoy

## reflexiones

## oraciones

## agradecimiento

## fecha:

## versículo de hoy

## reflexiones

## oraciones

## agradecimiento

# fecha:

## versículo de hoy

## reflexiones

## oraciones

## agradecimiento

fecha:

## versículo de hoy

## reflexiones

## oraciones

## agradecimiento

# fecha:

## versículo de hoy

## reflexiones

## oraciones

## agradecimiento

fecha:

versículo de hoy

reflexiones

oraciones

agradecimiento

# fecha:

## versículo de hoy

## reflexiones

## oraciones

## agradecimiento

versículo de hoy

fecha:

reflexiones

oraciones

agradecimiento

# fecha:

## versículo de hoy

## reflexiones

## oraciones

## agradecimiento

fecha:

## versículo de hoy

## reflexiones

## oraciones

## agradecimiento

# fecha:

## versículo de hoy

## reflexiones

## oraciones

## agradecimiento

## fecha:

## versículo de hoy

## reflexiones

## oraciones

## agradecimiento

# fecha:

## versículo de hoy

## reflexiones

## oraciones

## agradecimiento

fecha:

## versículo de hoy

## reflexiones

## oraciones

## agradecimiento

## fecha:

### versículo de hoy

### reflexiones

### oraciones

### agradecimiento

# versículo de hoy

# reflexiones

# oraciones

# agradecimiento

## fecha:

### versículo de hoy

### reflexiones

### oraciones

### agradecimiento

fecha:

## versículo de hoy

## reflexiones

## oraciones

## agradecimiento

fecha:

## versículo de hoy

## reflexiones

## oraciones

## agradecimiento

## fecha:

## versículo de hoy

## reflexiones

## oraciones

## agradecimiento

fecha:

## versículo de hoy

## reflexiones

## oraciones

## agradecimiento

fecha:

## versículo de hoy

## reflexiones

## oraciones

## agradecimiento

fecha:

## versículo de hoy

## reflexiones

## oraciones

## agradecimiento

fecha:

## versículo de hoy

## reflexiones

## oraciones

## agradecimiento

# fecha:

## versículo de hoy

## reflexiones

## oraciones

## agradecimiento

fecha:

## versículo de hoy

## reflexiones

## oraciones

## agradecimiento

## fecha:

## versículo de hoy

## reflexiones

## oraciones

## agradecimiento

fecha:

## versículo de hoy

## reflexiones

## oraciones

## agradecimiento

## fecha:

## versículo de hoy

## reflexiones

## oraciones

## agradecimiento

fecha:

## versículo de hoy

## reflexiones

## oraciones

## agradecimiento

fecha:

## versículo de hoy

## reflexiones

## oraciones

## agradecimiento

Made in the USA
Columbia, SC
13 December 2024

49174745R00061